LES RACINES DE LA MÉDITERRANÉE
ET DE L'EUROPE

Jean Guilaine

Les racines
de la Méditerranée
et de l'Europe

Fayard

ISBN : 978-2-213-63664-1.

*Leçon de clôture
prononcée le lundi 26 mars 2007
par Jean Guilaine, professeur*

Monsieur l'Administrateur,
Mes chers collègues,
Mesdames, Messieurs,

En 1993, le Collège de France décidait, pour la première fois de sa déjà longue histoire, de créer une chaire affectée à l'étude du Néolithique et de l'Âge du bronze. Certes, à trois reprises, la Préhistoire avait été honorée dans cette grande maison, mais la création d'un enseignement tout particulièrement dévolu à la Protohistoire ancienne était manifestement un signe fort : la reconnaissance d'une étape de l'histoire humaine qui n'a plus grand-chose à voir avec le monde paléolithique antérieur, monde aujourd'hui peu ou prou éteint même si, en quelques rares contrées, des populations de chasseurs-cueilleurs, de moins en moins nombreuses et toujours plus acculturées, tentent encore de tenir tête aux expansions agricoles ou à l'exploitation des derniers grands espaces peu perturbés de la planète.

L'expression « Révolution néolithique » est une image, et rien de plus. De fait, dans les quelques laboratoires où s'opéra cette transition de la chasse à l'agriculture – Proche et Moyen-Orient, Chine, Mexique, Andes, Nouvelle Guinée, Afrique sahélienne (*figure 1*) –, le processus semble avoir été lent, progressif, insidieux. À terme, il déboucha sur ce qui fut l'un des tournants essentiels de l'humanité puisque cette autotransformation

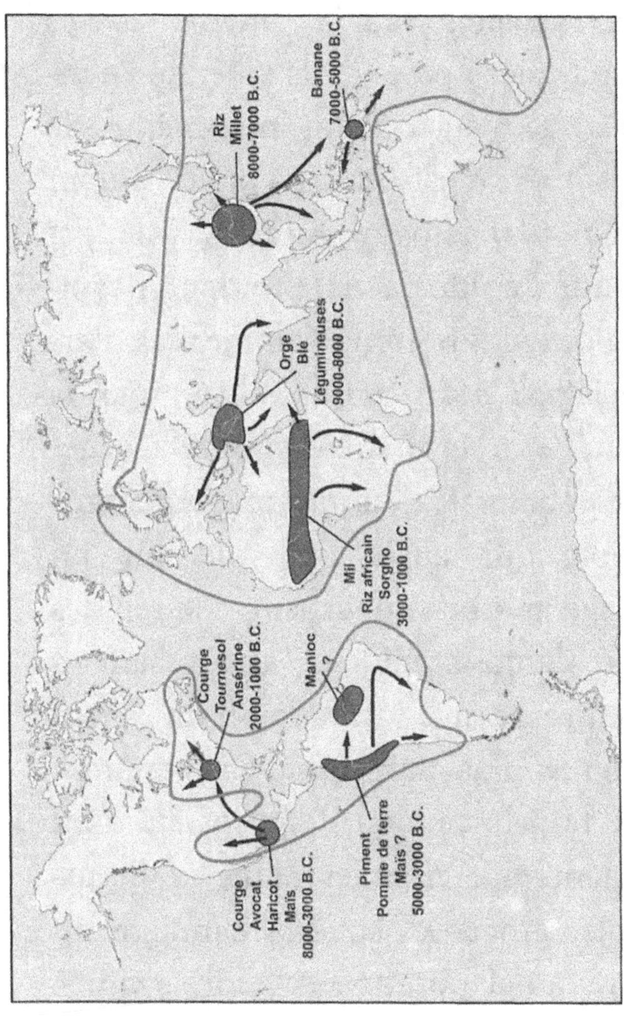

Figure 1. Carte et chronologie des foyers mondiaux de l'agriculture (ligne continue : limite de l'agriculture préhistorique). D'après P. Bellwood, *First Farmers*, Blackwell, 2005.

des sociétés allait ouvrir toutes grandes les portes de la ville, de l'écriture, de l'état. Venu moi-même de l'histoire, c'est en historien autant qu'en archéologue ruraliste que j'ai abordé l'étude de cette mutation capitale qui vit l'homme commencer d'artificialiser son environnement par la maîtrise de la matière vivante – végétale et animale –, initier une sédentarisation qui allait faire de lui un villageois puis un urbain, libérer des flux démographiques aboutissant à une progressive saturation d'un espace toujours plus anthropisé, entreprendre une transformation de la société d'où allaient vite émerger élites et dominants, procéder, sous la bannière du sacré, à l'élaboration de codes symboliques, expressions de concepts idéologiques sous-jacents.

De sorte que lorsque Christian Goudineau, secondé par Yves Coppens, souhaita présenter à l'assemblée des professeurs du Collège de France un projet de chaire intitulé « Civilisations de l'Europe au Néolithique et à l'Âge du bronze » et que quelques collègues envisagèrent de me confier la responsabilité de cet enseignement, je vis dans cette proposition l'occasion rêvée de donner à la Protohistoire un brevet d'authentification, la reconnaissance disciplinaire qui lui faisait défaut, englobée qu'elle était jusque-là dans une Préhistoire à dominante paléolithique ou au sein de civilisations classiques dont elle constituait au mieux les balbutiements. Or c'est précisément cette rupture avec le temps des chasseurs, c'est cette maturation intellectuelle, cette excitation cognitive poussant l'homme à imaginer de nouvelles représentations mentales et à les tester, cette volonté d'échafauder d'autres codes de vie sociale qui me semblent être les éléments déclenchant non seulement de la néolithisation, mais aussi la dynamique fondatrice du monde historique. Bouleversement autant culturel qu'économique – la production de nourriture – entraînant déplacements de populations, circulation de gènes, dispersion de vocabulaires nouveaux et forte contribution à la mise en place des grandes familles de langues, bref toute une mécanique qui devait modifier en profondeur le peuplement de la planète auquel avaient abouti jusque-là les migrations paléolithiques successives, dans la très longue durée pléistocène.

J'ai donc tâché de légitimer le bien-fondé de cette opinion et, pendant treize années, mesdames, messieurs, j'ai essayé de vous faire partager mes propres réflexions sur les avancées d'une recherche qui n'a cessé de bouger, à la fois dans sa production matérielle comme dans ses aspects théoriques. Je voudrais aujourd'hui, en guise de conclusion, revenir sur quelques-uns des points forts de mon enseignement et de mes séminaires, sans les déconnecter de ce qui fut, parallèlement, ma propre recherche de terrain ou mes approfondissements conceptuels.

* *

*

Débutons par les séminaires. L'objectif que je m'étais assigné consistait à aborder quelques grandes questions à partir de positions théoriques ou de cas de figure largement diversifiés dans l'espace. Me sentant très vite corseté par l'intitulé de ma chaire « Civilisations de l'Europe », j'ai brisé ce cadre et, autant que possible, j'ai sollicité des intervenants susceptibles de montrer, à travers la variété des exemples et dans une perspective comparative, la pluralité des processus sans pour autant perdre de vue la cohérence logique des fondamentaux humains. Ce fut le cas pour les *Premiers paysans du Monde*, modèle centrifuge classique à partir des berceaux agricoles, comme pour sa contre-épreuve, *Aux marges des grands foyers du Néolithique*, dans laquelle furent mis en avant, à côté de néolithisations actives ou passives, des modèles alternatifs : foyers secondaires (Indus, Amazonie ?), trajectoires particulières par emprunt sélectif de nouveautés venant s'intégrer dans un contexte culturel original (Arabie), sédentarisation et forte évolution sociale dans des contextes demeurés extérieurs à la pratique agro-pastorale (Jomon du Japon). Même dissemblance dans le séminaire *Arts et symboles* où, à l'heure d'une archéologie postmoderne, la diversité iconographique s'est affirmée comme le reflet de la création mytho-logique, de l'identité culturelle ou comme instrument du fonctionnement social. Dans le séminaire *Chalcolithique et complexification sociale* fut développée la façon dont l'archéologue peut percevoir la construction des inégalités à travers l'architecture ici (*cf.* Obeid), la dotation funéraire là (*cf.* Varna), ailleurs la circulation d'objets exotiques, de parures diverses, de productions d'or, comme en Amérique du Sud, ou de cuivre, en Europe, à même de connoter les élites émergentes. Ce souci de traquer le particulier comme expression de l'universel se lit aussi dans les autres grands thèmes dont nous avons débattu : le mégalithisme, l'habitat néolithique, les échanges de matières ou de biens dits « de prestige », la manipulation du paysage, les villes et campagnes de l'Âge du bronze et, cette année même, la mort comme révélateur de la diversité socio-culturelle. Tout au long de ces séances, j'ai fait fonctionner mon séminaire comme une sorte de « caisse de résonance » de l'archéologie française dans l'Hexagone certes mais, le plus souvent, hors de nos frontières. C'est pour moi une grande satisfaction d'avoir pu, grâce aux éditions Errance et à son directeur Frédéric Lontcho, publier la plupart de ces exposés dans une collection dont l'utilité m'a été régulièrement vantée. Je souhaite que ces ouvrages apparaissent, dans quelques temps, comme un bon reflet de ce qu'était, sur les sujets abordés, le positionnement de la recherche archéologique française à la charnière des XXe et XXIe siècles.

Dans le même esprit et profitant des facilités offertes par l'institution, j'ai invité, tout au long de ces années, d'excellents collègues étrangers à venir traiter, avec leur sensibilité propre, de questions de Protohistoire. Au demeurant, j'espère pouvoir encore faire venir en ces lieux quelques noms prestigieux de la discipline que la rapidité du temps m'a interdit jusqu'ici de convier à cette tribune.

Dans ma leçon inaugurale, j'avais tracé quelques pistes d'enseignement : émergence et diffusion de l'économie agro-pastorale, perspective historique et sociale des civilisations préclassiques, étude des environnements anthropisés, essais d'archéologie symbolique. Ce pari a-t-il été tenu ? Tous ces thèmes ont bien été abordés dans mes séminaires de sorte que je pense honnêtement avoir rempli le contrat. S'agissant de mon enseignement, je n'ai pas voulu le déconnecter de ma propre recherche sur l'espace méditerranéen débutée il y a un demi-siècle : il y a très exactement cinquante ans, je publiais mon premier article dans le *Bulletin de la société préhistorique française*. Homme de terrain j'ai été. Passionnément. Je le suis resté jusqu'à ces dernières années, m'attachant à publier de lourdes monographies pluridisciplinaires mais dont les données de plusieurs attendent encore dans mes cartons. Mon élection au Collège de

France, après trente ans d'une carrière au CNRS, m'a conduit à une réflexion plus théorique, plus globalisante, encore que mon goût pour la synthèse s'était concrétisé auparavant par la publication de plusieurs ouvrages dont *Premiers bergers et paysans de l'Occident méditerranéen* (1976) qui, sur l'insistance de Jacques Le Goff, me fit accéder à une direction d'études à l'EHESS, *La France d'avant la France* (1980), qui me fit connaître d'un plus large public et, surtout, *La Mer partagée* (1994), fruit de quinze ans de voyages en Méditerranée.

Mais venons-en au fond en reprenant quelques sujets évoqués ici même.

La question m'a souvent été posée : pourquoi l'homme et la femme ont-ils, à un moment de leur trajectoire et après quelque trois millions d'années, fait le choix de se sédentariser, de fabriquer et de reproduire leur nourriture par l'agriculture et l'élevage ? Pourquoi avoir adopté les contraintes inhérentes au travail du sol et à la reproduction des bêtes ? On pourrait d'ailleurs prolonger ces interrogations à propos de stades plus évolués : pourquoi ces villageois sont-ils devenus des urbains ? Pourquoi ont-ils doublé l'oral par l'écrit ? Pourquoi a-t-on remplacé les ancêtres par des dieux ? Des populations fluides, égalitaires, c'est-à-dire où chacun partait avec les mêmes chances ou disposait d'une marge de manœuvre peu ou prou identique, par des sociétés inégalitaires, pyramidales, artificielles, intégrées dans un système souvent coercitif ?

Les réponses n'ont pas manqué. Certains ont pensé que le climat avait contraint l'homme à s'adapter. Pour Childe, le réchauffement postglaciaire aurait poussé, en pays aride, les populations, les plantes et les bêtes à se regrouper près des points d'eau et la domestication serait sortie d'une telle promiscuité. Binford regarde plutôt du côté de l'augmentation de la population, cette dernière contrainte, par le relèvement du niveau marin de la Méditerranée, de coloniser des terres plutôt réfractaires en y important l'agriculture. Rindos voit dans la domestication le résultat d'une co-évolution et d'un rapprochement entre des plantes mutantes (à rachis solide) et un comportement humain favorisant inconsciemment de tels spécimens, d'où une pression sélective sur certains végétaux. Face à ces positions déterministes, d'autres auteurs ont avancé des explications de type culturel. Braidwood fut le premier à souligner que si le Néolithique n'était pas survenu plus tôt, c'est que « la culture n'était pas [encore] prête » et que, en conséquence, le climat n'avait rien à voir dans cette aventure dont l'homme était seul responsable. Hayden voit la domestication comme le résultat de la compétition entre humains, les plus ambitieux favorisant la réalisation de surplus, donc poussant à l'exploration de nouvelles ressources pour capitaliser et gagner du prestige en se créant des obligés.

Wilson souligne à quel point sociétés de chasseurs et communautés paysannes s'opposent dans leurs structures mêmes : le passage de l'une à l'autre imposa donc une reconfiguration des systèmes idéologiques et matériels, et notamment au plan de l'architecture, moyen de communication symbolique. Hodder souligne la mutation qu'a pu induire le cadre domestique, c'est-à-dire la maison pérenne, espace où se construisent de nouvelles relations sociales. Cauvin évoque une réélaboration des concepts symboliques à travers la naissance de divinités néolithiques. Cette explication religieuse n'est d'ailleurs pas sans lien avec l'hypothèse autrefois formulée d'une néolithisation centrée autour de la sacralisation de plantes ou d'animaux.

Mais que dit l'archéologie de cette transition de la chasse à l'agriculture ? D'abord que l'homme au Proche-Orient consommait céréales et légumineuses depuis au moins vingt mille ans comme l'atteste le site d'Ohalo II, en Israël. Il n'est pas pour autant devenu agriculteur. Il ne se sédentarise localement que vers − 12 000. C'est donc qu'il fait, à un moment, un choix culturel : il élabore un projet de fixation au sol, dans des maisons en dur, et le teste empiriquement. Ce choix implique de nouvelles règles de vie en commun, le sentiment d'appartenir à une même communauté, clairement identifiée. On s'approprie un territoire et on légitime cette emprise en conservant près de soi, dans des nécropoles ou sous sa maison, ses ancêtres qui authentifient en cela la possession d'un espace et une filiation dans le temps. Tout cela relève donc d'un processus socio-cognitif. Certes, il faut compter avec l'environnement : l'initiative nécessite de disposer à proximité d'eau, de graminées, d'animaux à chasser. C'est donc cette rencontre d'un projet, c'est-à-dire d'un souhait de changement construit mentalement, et d'un milieu favorable qui semble à l'origine du processus de sédentarisation en quelques lieux donnés. Ainsi semblent avoir procédé les Natoufiens au Levant. De même Christine Niederberger a-t-elle bien montré comment, à Zohapilco, dans le bassin de Mexico, des chasseurs-cueilleurs avaient, à un moment de leur évolution, fait le choix de s'établir dans un environnement favorable. Ces ancrages, même s'ils se sont accompagnés d'un intérêt particulier pour les plantes comestibles, ne sont pas la domestication qui est, elle, un processus de temps long et dont l'aboutissement ne verra le jour que plus tard. Il n'y a donc pas eu d'emblée une initiative globale, mais des vagues successives, des politiques de petits pas rythmées d'accélérations diverses. Le Néolithique sera la résultante de toutes ces avancées cumulatives et non l'expression d'un programme d'ensemble mis immédiatement à l'essai.

Ainsi, au Proche-Orient, les données montrent, au sortir du Dryas récent, un net développement des établissements avec, déjà, des formes d'organisation où se profilent des découpages en clans comme pourraient l'indiquer les bâtiments de Gobekli et leur bestiaire sculpté ou figuré sur des stèles mégalithiques (totémisme ? confinement et apprivoisement du « sauvage » ?). Des constructions comme le rempart et la tour de Jericho disent l'esprit communautaire qui anime les populations dans la construction de bâtiments publics. C'est lors de cette étape PPNA (Néolithique précéramique A) que s'accentuent la manipulation des céréales et le contrôle des animaux. Tout cela débouche vers – 8500, lors du Néolithique précéramique B ancien, sur la domestication définitive du blé et de l'orge et sur les premières modifications morphologiques des ongulés. Enfin, c'est au VIIIe millénaire que des villages d'agriculteurs sont pleinement opérationnels et que des indices de hiérarchie sont sensibles entre établissements comme entre certains individus.

Pour bien mesurer le pas à pas de cette longue transformation, j'ai, pendant quinze ans, avec plusieurs collègues dont François Briois et Jean-Denis Vigne, étudié à Chypre un village néolithique – Shillourokambos – dont la chronologie, étirée sur 1500 ans, recouvre toute la durée du PPNB, entre 8500 et 7000 avant notre ère. Proche du continent, Chypre est un excellent observatoire. Précocement colonisée dans le courant du IXe millénaire par des migrants prenant la mer, l'île réfléchit, tel un miroir, les avancées qui rythment sur le continent la mise en place définitive du Néolithique. Quand ils s'implantent à Chypre, ces pionniers construisent encore des maisons circulaires à ossature de bois dans le style PPNA, peut-être parce qu'ils n'ont pas rompu avec le nomadisme ou avec un état d'organisation collectif, impression livrée par ces grands enclos qu'ils aménagent peu après, sans doute pour y parquer le troupeau commun (*figure 2*). Ces chypriotes d'adoption vont mettre au point un système hydraulique sophistiqué de puits et de citernes pour disposer de l'eau des nappes phréatiques. Ici comme à Mylouthkia, ils cultivent le blé domestique. Ils débarquent sur l'île des ani-

Figure 2. Essai de restitution des enclos néolithiques précéramiques de Shillourokambos à Chypre. IXe millénaire avant notre ère. Dessin A. Jesionka.

maux contrôlés – porcs, bœufs, chèvres, moutons –, mais encore peu ou pas marqués dans leur apparence et sur leur squelette par la pression humaine. Dans le courant des années quatre-vingt-dix, ce constat devait permettre de repenser, sur le continent, c'est-à-dire sur les lieux mêmes de son émergence, la chronologie de la domestication animale dans l'ensemble du Proche-Orient. Est également introduite sur l'île une espèce sauvage, le daim, sorte de réserve alimentaire en cas de coup dur, mais aussi excellent moyen pour conforter le prestige des chasseurs et renforcer leur position sociale. Ces migrants importent des nuisibles, tels le renard ou la souris, mais aussi des animaux de compagnie comme le chien et le chat. En mettant au jour la plus ancienne sépulture humaine flanquée d'un chat (*figure 3*), j'ai, avec mon équipe, proposé l'hypothèse de reculer jusqu'au VIIIe millénaire au moins la domestication de cette espèce, jusqu'ici considérée comme effectuée en Égypte après – 2000, et de la localiser

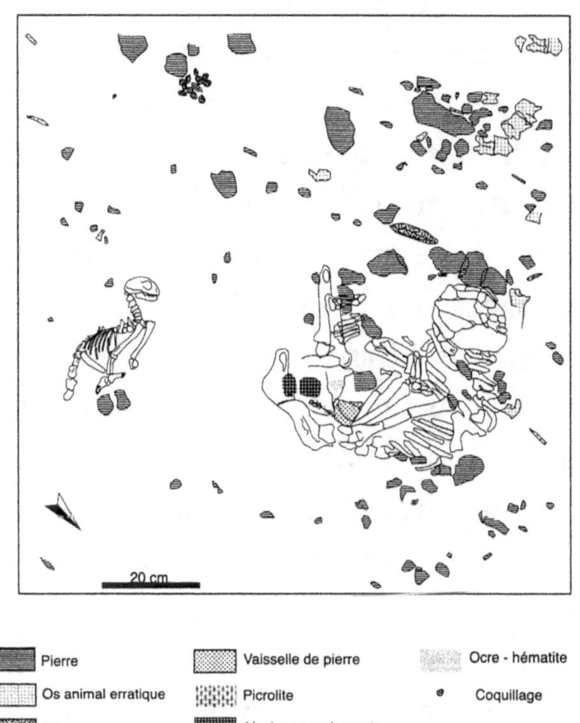

Figure 3. Site de Shillourokambos à Chypre. Ensemble sépulcral néolithique 283 comportant une sépulture humaine, une sépulture de chat, un dépôt de coquillages. VIIIe millénaire avant notre ère. P.A.O. J.-D. Vigne, d'après cliché P. Gérard.

au Proche-Orient. Cette supposition vient d'être récemment confirmée par des études génétiques. À ce moment-là, ces premiers paysans se sont définitivement installés sur l'île, restant fidèles à leurs maisons circulaires, désormais en dur. Au fait, d'où venaient-ils ? Sans doute, de plusieurs régions du Proche-Orient, Chypre étant alors abordable sous divers angles géographiques. Mais la quantité d'obsidienne de Cappadoce véhiculée et les quelques vestiges d'iconographie féline mis au jour (*figure 4*) pourraient indiquer comme candidat possible à cette irruption un espace compris entre le plateau anatolien et le Levant Nord.

Le Néolithique n'est donc pas encore pleinement abouti que ses créateurs

Figure 4. Site de Shillourokambos à Chypre. Tête féline sculptée. Puits 66 ; Néolithique précéramique. IXe millénaire avant notre ère. Hauteur de la face = 94 mm.

font déjà preuve d'une tendance à la dispersion : vers l'Est (Iran, Indus), vers les régions caucasiennes, vers l'Égypte où sa diffusion restera un temps bloquée sur le Delta et, à l'Ouest, par la Méditerranée et le Danube, vers l'Europe occidentale. Cette dernière propagation, en dépit de nombreuses études, demeure mal connue. Un modèle, devenu classique, proposé par L. Cavalli-Sforza et A. Ammerman, est dit « de la vague d'avancée » : les fermiers néolithiques, portés par leur démographie et un système économique performant, se seraient propagés au rythme moyen de un kilomètre par an, entre Moyen-Orient et Europe du Nord-Ouest, cette progression s'accompagnant ici d'un plus grand mixage de gènes avec les populations autochtones. J'ai contesté cette image mécaniste pour deux raisons : elle n'est pas en phase avec les données aujourd'hui disponibles de la chronologie ; elle ne tient pas compte de la variabilité culturelle qui scande la progression du

Néolithique à travers le continent. J'ai donc proposé un modèle de diffusion dit « arythmique », qui prend davantage en compte ces deux variables (*figure 5*). J'observe que le Néolithique semble connaître des phases d'expansion plus ou moins rapides, ponctuées par des moments d'essoufflement, des pauses, avant que ne survienne une nouvelle impulsion. Ces moments de pause correspondent à la fois aux limites de progression d'un grand ensemble culturel et, parallèlement, à des phases de fermentation, de recomposition, au cours desquelles s'élabore un autre complexe qui, une fois constitué, prendra le relais pour porter rapidement vers d'autres frontières les acquis du Néolithique. Ainsi pourrait s'expliquer d'une part que la marche des

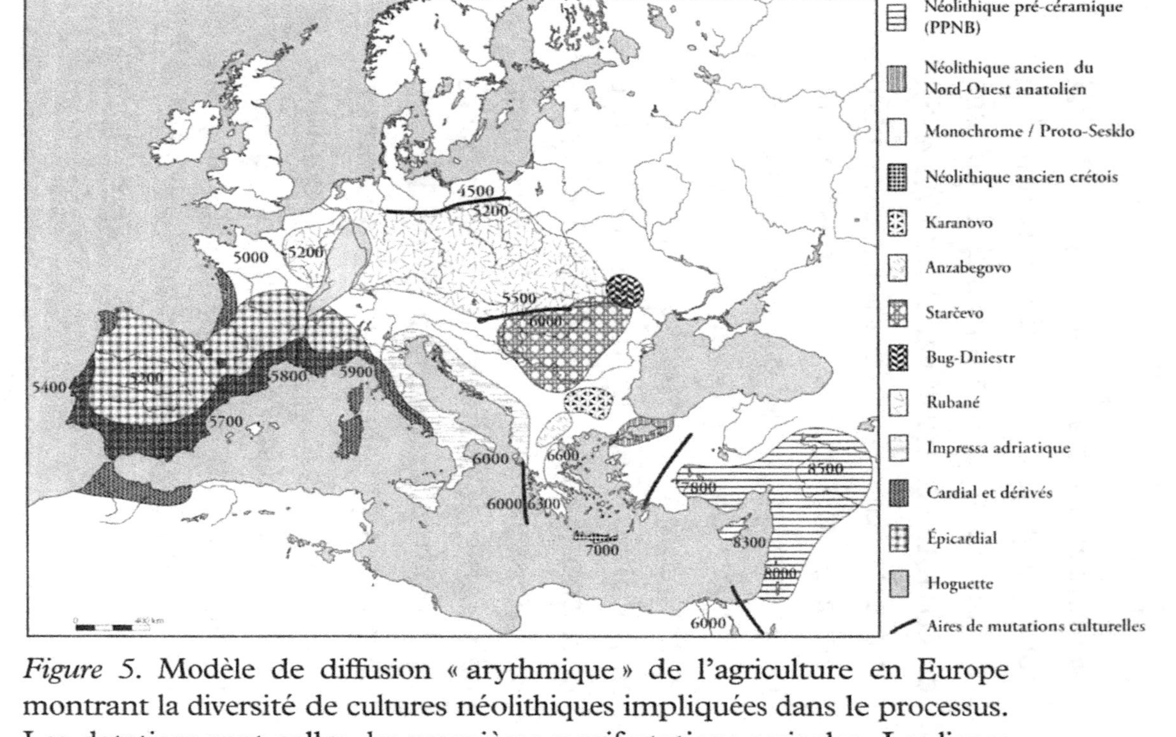

Figure 5. Modèle de diffusion « arythmique » de l'agriculture en Europe montrant la diversité de cultures néolithiques impliquées dans le processus. Les datations sont celles des premières manifestations agricoles. Les lignes noires matérialisent les principales frontières culturelles.

agriculteurs s'effectue selon des tempos variés et qu'elle ne correspond nullement à la propagation d'une « culture type » standard. L'économie de production – agriculture et élevage – est comme portée par des milieux culturels qui ne cessent de se transformer d'Est en Ouest.

J'ai tenté de mieux apprécier ce mécanisme de dérive en construisant une stratigraphie théorique de la néolithisation méditerranéenne (*figure 6*), mais aussi en implantant des chantiers de fouilles ou en participant à des opérations sur des sites néolithiques anciens égrenés d'un bout à l'autre de la mer intérieure : à Chypre, en Grèce (à Corfou), en Italie du Sud (à Torre Sabea, en Salento, et à Trasano, en Basilicate), en Languedoc (Gazel,

Jean-Cros, Leucate, Dourgne, Pont de Roque Haute), en Andorre (Balma Margineda), en Espagne du Nord-Est (El Toll, Balma de l'Espluga). Un tableau résume, mieux que tout discours, les effets de cette translation par laquelle un système élaboré au Proche-Orient parvient à l'autre extrémité de la Méditerranée, dans des configurations culturelles totalement différentes de celles qui avaient présidé à sa naissance : à l'Ouest, refus du gros village au profit d'un modèle de fermes (comme semblent l'indiquer les sites de Portiragnes, Hérault), élimination fréquente du corps des défunts et ignorance, un temps, du concept de nécropole, dénivelés sociaux peu accusés, désintérêt de l'usage des figurines dans le fonctionnement domestique ou magique. Tout le contraire des caractères qui avaient présidé à l'avènement du Néolithique au Levant (*figure 7*).

* *
*

Comment penser la société, le genre, voire la religion néolithiques dans leur déroulement temporel de quelques millénaires ? J'ai tenté, ici même, de donner mes points de vue sur ces sujets délicats, tout en ne mésestimant pas, autant en historien qu'en archéologue, les difficultés liées à la diversité des contextes culturels, des configurations temporelles et à la crainte d'être réducteur.

Premier constat. C'est lorsque l'homme, ayant opté pour la vie en vil-

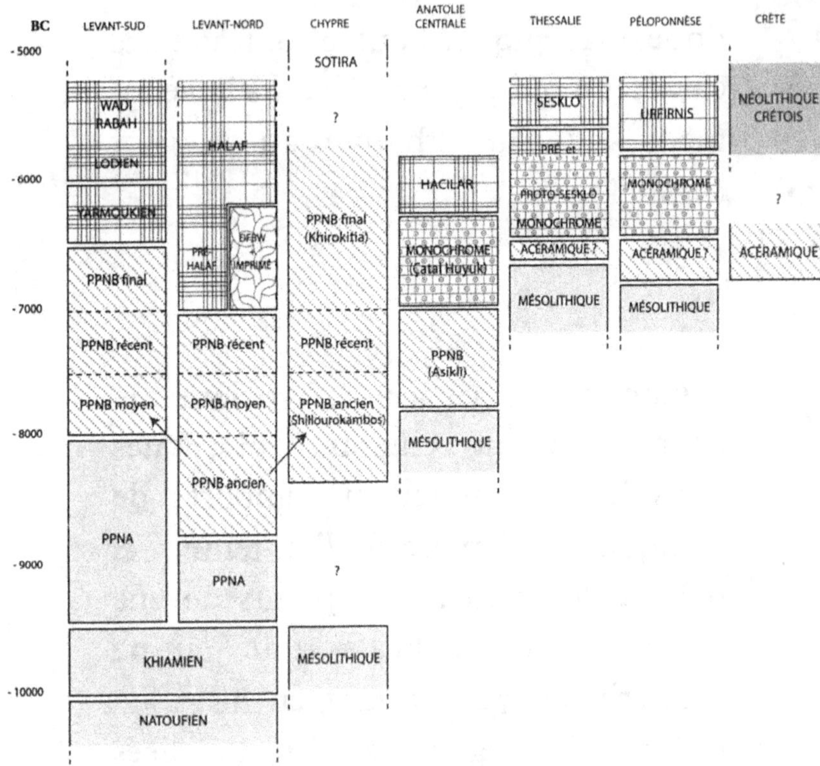

Figure 6. Stratigraphie théorique de la transition des chasseurs-cueilleurs aux agriculteurs en Méditerranée.

... ET DE L'EUROPE

Faciès épicardiaux

Néolithique moyen à poterie peinte

Systèmes producteurs à poterie imprimée

Systèmes producteurs à poterie monochrome

Premiers systèmes producteurs sans poterie

Systèmes non producteurs

PROCHE-ORIENT	MÉDITERRANÉE OCCIDENTALE
• Possibilité de grands villages (+ de 8 ha)	• Établissements d'emprise réduite (- de 1 ha à 4 ha)
• Hiérarchisation des sites	?
• Constructions en matériaux lourds (pierre) ou " élaborés " (brique)	• Usage de matériaux plus légers (bois, torchis)
• Nécropoles possibles	• Pas de nécropoles
• Regroupements des morts dans des bâtiments spéciaux	• Pas de tombes " collectives "
• Visibilité du funéraire	• Sépultures isolées et rares
• Stratification sociale en cours dans le PPNB	• Pas de pyramide sociale apparente
• Bâtiments cérémoniels	• Absence de bâtiments cérémoniels
• Statuaire anthropomorphe	• Absence de statuaire anthropomorphe
• Figurines abondantes	• Figurines rares ou absentes
• Vaisselle de pierre	• Céramique

Figure 7. Tableau comparatif des traits culturels du premier Néolithique en Méditerranée orientale et en Méditerranée de l'Ouest (péninsule Ibérique).

lages, prend conscience, tout au long des Xe et IXe millénaires, de son aptitude à se penser autrement, se met à adapter ses mythologies à ses nouvelles conditions d'existence et, au plan matériel, à maîtriser la matière vivante qu'il commence à se représenter. En Anatolie du Sud-Est, cet anthropomorphisme prend la forme de statues, parfois masculines (*cf.* Yeni Mahalle) (*figure 8*). Cette autocélébration de l'espèce se noue, à mon sens, non pas autour du concept de divinité, comme on l'a beaucoup écrit, mais d'ancestralité dans des localités où le premier objectif était l'alliance, la parenté, pour cohabiter et s'entraider, et la reproduction, pour durer. L'ancêtre symbolise donc la lignée, la durée, le lien à un territoire, une réfé-

Figure 8. Statue de Yeni Mahalle à Urfa (Anatolie du Sud-Est). Néolithique précéramique. Hauteur = 1,93 m. D'après H. Hauptmann.

rence, une caution. C'est lui que l'on souhaitera rendre pérenne en prélevant son crâne – un comportement plus ancien mais auquel, au VIIIᵉ millénaire, on donnera au Levant une dimension particulière – et en procédant à un remodelage du visage enduit, peint, maquillé. L'alternative consistant à voir dans ces visages des trophées d'ennemis (A. Testart) n'est pas contradictoire : le vainqueur, vivant ou défunt, affiche son esprit de domination en exposant ses victimes. C'est aux ancêtres ou à des personnages charismatiques passés à la postérité que l'on consacrera au Vᵉ millénaire, en Europe de l'Ouest, d'abord ces tertres d'envergure démesurée (jusqu'à 300 m de long à Passy, en Bourgogne), puis ces grands caveaux mégalithiques surmontés de cairns imposants bâtis pour n'abriter que quelques sujets. Plus tard quand, aux IVe et IIIe millénaires, les grandes sépultures collectives, mégalithiques ou hypogéiques, seront le réceptacle de nombreuses dépouilles, elles reflèteront encore ces agrégats familiaux ou lignagers constitués autour d'ancêtres communs.

La religion néolithique est aussi certainement en prise avec des éléments naturels susceptibles de favoriser la production. Elle s'est exprimée par des rituels divers à l'échelle domestique ou communautaire. Ce n'est que plus tard, lorsque la pyramide sociale s'accentuera, que les ancêtres des groupes dominants prendront plus de poids et, jusque-là vénérés, deviendront de vraies divinités. Les dieux sont le produit de sociétés pyramidales. Ils sont un miroir des aspirations de la société qui les sécrète. Il n'est pas innocent si l'archéologie ne révèle une religion codifiée, avec temples, lieux de culte et desservants, que dans le cadre d'organisations hiérarchisées : chefferies, cités, états. C'est pourquoi le concept de « déesse-mère » ou de « grande-mère » néolithique, sorte de figure cosmogonique immuable et qui a donné lieu à une littérature abondante, certes avec des nuances d'appréciation selon les auteurs, me paraît une extrapolation. D'abord en raison de la diversité des contextes culturels et des quelques millénaires couverts par le Néolithique. Ensuite parce que les lieux de culte font défaut et n'apparaissent que progressivement, à Malte par exemple à compter de – 3500 où pouvait être honorée une divinité féminine. Surtout il y a eu, me semble-t-il, une surévaluation « cultuelle » des figurines féminines qui prolifèrent, abstraites ou naturalistes, dans tout le Néolithique proche-oriental, égéen, balkanique, plus tard ouest-méditerranéen. Les fonctions de ces documents ont pu être diverses : objets de culte peut-être, mais aussi instruments de magie, aide-naissance, figurations d'aïeules, ancêtres de lignées, blasons familiaux, portraits, pièces de contrats, servantes ou concubines, poupées, jouets, etc. Et peut-être ces statuettes ont-elles eu, concomitamment ou successivement, plusieurs fonctions. Nettement liées à la sphère féminine, à ses prérogatives (fertilité, fécondité, gynécée, domesticité), à son rôle dans la filiation ou dans la société, leur interprétation peut être plurielle, diverse, polymorphe, éventuellement sans lien avec leur aspect physique. Au-delà de leur morphologie, du réel, elles ont pu être aussi un média pour traduire un milieu, une fonction, un lien de parenté, un concept ; au fond, un « moyen de penser ». En tout cas, peu probablement des « déesses ». La « Dame de Çatal Huyuk » est une sorte d'allégorie du Néolithique : l'humanité, traduite par une femme dominant l'environnement animal, sauvage. L'archétype du thème du « maître des animaux » mésopotamien ou égyptien en quelque sorte.

Que dire de la femme, de sa position sociale ? Que des femmes néolithiques aient bénéficié de situations sociales privilégiées n'est pas contredit par l'examen des sépultures. Pour autant, ce sont plutôt des groupes dominants, incluant des personnages des deux sexes, que l'archéologie détecte. Les statues-menhirs, égrenées de l'Ukraine à la péninsule Ibérique, m'ont semblé de ce point de vue présenter un intérêt tout particulier. S'agissant des premières figurations humaines de bonne taille, elles sont un témoignage irremplaçable sur la façon dont la société se voyait ou se pensait selon les codes ou les règles de vie de l'époque. Une sorte de photographie non pas des dieux, mais des hommes et des femmes de ce temps, à partir de représentations d'ancêtres ou de héros. L'homme y apparaît détenteur d'armes ou d'attributs d'autorité (poignard, hache, arc, flèches, « objet » des statues du Rouergue, « capovolto » des monuments sardes). Exclues des instruments sanglants ou des symboles de puissance, les femmes exhibent leurs seins et se signalent par des parures. Il est clair qu'une dichotomie oppose clairement les genres : la sphère masculine s'octroie les emblèmes du pouvoir, productions culturelles issues parfois de techniques les plus modernes et les plus valorisantes de l'époque, telle la métallurgie du cuivre, matériau servant à la fabrication des poignards. Les femmes sont dans le naturel, le biologique, la séduc-

Figure 9. Statues-menhirs de Lunigiana (Italie). À gauche, statue masculine de Pontevecchio avec poignard de cuivre de type Remedello. Hauteur = 1,10 m ; à droite, statue féminine de Moncigoli. Hauteur = 0,95 m. D'après E. Anati.

tion (*figure* 9). J'ai mis en évidence une curieuse inversion de ces symboles masculins/féminins (*cf.* culture/nature) quant au lieu de leur mise en pratique.

Le mâle nanti d'outils culturels – les armes – s'exprime dans le mouvement par la chasse ou la guerre hors du domaine anthropisé, celui du sylvestre, de l'extérieur, de la forêt ou de la friche, où il peut donner libre cours à sa virilité et à ses prouesses. La femme, qui se présente à nous à travers son anatomie, sa biologie, sa nature « sauvage », évolue à l'opposé dans la sphère du fermé, de l'humanisé, de l'intérieur. Curieux chiasme dont la lecture réfléchit une forme de domination masculine, une propension pour les mâles à se donner la part belle en se réservant fonctions et symboles valorisants, certainement dans la tradition du chasseur paléolithique, pour installer la femme dans l'espace du domestique, de la *domus*, de la reproduction. Un tel découpage culturel traduit manifestement un souci chez l'homme de contrôler la nature sauvage de la génitrice. On pourrait en trouver un autre exemple dans la lecture des figurines chypriotes du Néolithique et de l'Âge du bronze. Les plus anciennes, aux VIIIe et VIIe millénaires, sont asexuées et pourraient donc n'être que le reflet de l'espèce humaine elle-même. Aux IVe et IIIe millénaires, plusieurs figurines de Kissonerga-Mosphilia renvoient l'image de la parturiente, au fond le pivot de la famille, peut-être un message de matrilinéarité. Au IIe millénaire, ce sont des « mères à l'enfant » que nous voyons : des femmes confinées dans des fonctions d'épouse, en charge de la progéniture, dans un cadre social modifié. La transition du Chalcolithique à l'Âge du bronze signerait, selon Diane Bolger, le déclin de l'image universelle de la génitrice au profit d'un rôle social beaucoup plus contrôlé. On voit donc, à ces exemples, combien l'iconographie néolithique, loin d'être l'expression simplifiée d'une ou de vagues déesses-mères, peut s'avérer, à partir d'une lecture affinée, contextualisée, un bon miroir de ces sociétés anciennes.

Un autre dossier de société, que j'ai ouvert ici même, concerne la violence préhistorique. J'en ai tiré un ouvrage écrit en collaboration avec le paléopathologiste Jean Zammit. Un sujet resté longtemps presque tabou tellement était ancrée l'idée mythique d'un paradis paléolithique, alors que tous les soucis du monde auraient commencé dès que chacun aurait dû travailler le sol « à la sueur de son front ». L'équipe texane de F. Wendorf avait déjà déstabilisé cette idée en mettant au jour au Soudan, au Djebel Sahaba, regroupées dans diverses fosses, plusieurs dépouilles épipaléolithiques (vers − 12 000) criblées de flèches. Il semble que les chasseurs-cueilleurs s'affrontent dès lors qu'ils adoptent des comportements de sédentarité. Ainsi, sur le Dniepr ou, sur le Danube, dans la région des Portes de Fer. C'est aussi peut-être ce qui s'est passé sur le Nil, au Djebel Sahaba. La compétition pour s'approprier des territoires riches en ressources alimentaires diversifiées expliquerait ces premiers combats. Il est certain que l'avènement par la suite de l'économie agricole, l'acquisition et le stockage des denrées, l'affichage identitaire, les stress démographiques n'ont pu qu'accentuer les motifs de conflits, divers exemples de tueries néolithiques, dont celle de Talheim en Bade-Wurtemberg, ayant été récemment reconnus. Mais, curieusement, vers la fin du Néolithique, c'est l'ascension des élites, le développement de la pyramide sociale qui contribuent en Occident à la construction d'un modèle masculin faisant la part belle, dans un milieu encore villageois, au stéréotype du guerrier. Certes l'apparition de celui-ci comme acteur à plein temps se manifestera d'abord là où l'évolution sociale vers la cité ou l'état sera plus rapide : peut-être dès l'époque d'Uruk en Mésopotamie, en tout cas dès les cités sumériennes, sans doute dès la fin du pré-dynastique en Égypte. En Europe, où l'évolution est plus lente, cette émergence sera différée et n'apparaîtra que vers la fin de l'Âge du bronze dans un contexte socio-économique encore rural, mais de plus en plus dominé par des aristocraties guerrières. Elle aura été préfigurée de longue date par l'image du mâle en armes dont, on l'a vu, les statues-menhirs fournissent un bel archétype. D'ailleurs les communautés d'agriculteurs néolithiques du Levant espagnol ont rarement représenté, dans leurs figurations rupestres, des scènes liées à la production alimentaire mais, volontairement, des scènes de chasse (alors que leur alimentation carnée reposait essentiellement sur l'élevage) ou de guerre. C'est bien que ces activités jouaient un rôle essentiel dans la mythologie des communautés, dans le rôle symbolique de l'affrontement (à l'animal ou à l'homme) et dans la construction idéologique du statut du chasseur et/ou du guerrier. Le paléoagriculteur fabriquait sa personnalité dans des expériences où la violence se combinait avec la parade sociale du port des armes.

*   *

*

Faute d'écriture, le protohistorien a pour mission d'écrire l'histoire avec ses données propres, c'est-à-dire des vestiges matériels. Par-delà la documentation archéologique elle-même, mon souci a toujours été la mise en perspective de situations historiques, non ponctuelles mais générales, globalisantes, seules à même de donner un sens à la multitude des cas de figure analysés. Quatre thèmes viendront illustrer ce propos.

Le premier concerne ce que A. Sherratt avait baptisé la « révolution des produits secondaires ». Alors que le Néolithique s'était construit autour de la production alimentaire, se divulguent par la suite et notamment en Europe entre – 4500 et – 3500 toute une série d'innovations. Celles-ci peuvent être d'ordre technique : le joug et l'attelage des bovidés, l'araire, la domestication du cheval, le chariot à deux ou quatre roues, la métallurgie du cuivre, de l'or et de l'argent, la fabrication de tissus de laine. Mais ces nouveautés économiques s'insèrent dans un contexte social lui-même en forte évolution, marqué par des villages protégés, de grandes enceintes à vocation économique, sociale ou rituelle, des sépultures monumentales, etc. Dans ces communautés, on assiste à la fois à des formes de compétition aboutissant à distinguer hiérarchiquement des individus importants prenant eux-mêmes appui sur des groupes sociaux ou familiaux plus ou moins étendus. L'archéologue doit donc décrypter ce qui relève de l'expression collective de ce qui connote l'individu – le général et le particulier –, ce changement de perspective n'allant pas toujours de soi, ne serait-ce qu'en raison de la signification polymorphe des vestiges considérés.

Deux au moins des manifestations que je viens d'énoncer surgissent en Europe autour de – 4500 : le mégalithisme et la métallurgie. D'autres – l'araire, le cheval domestique, la roue – semblent plus récentes de quelques siècles. Comment expliquer la mise en place de ces divers éléments faisant système ? Doit-on y voir le résultat d'un processus de diffusion à partir d'un unique espace créatif ou bien l'évolution interne des populations néolithiques n'a-t-elle pas simultanément généré diverses avancées – techniques, économiques, sociales – devenues interactives en raison d'incessants mécanismes d'échanges à plus ou moins longue distance ? S'agissant du mégalithisme, phénomène carrément occidental à ses débuts, et de la métallurgie émergée, elle, dans un cadre géographique se situant entre Anatolie et Balkans, on pourrait penser à des innovations relativement différenciées mais poursuivant un objectif identique : la distinction de personnages importants, sélectionnés, dont la position hiérarchique est soulignée à l'Ouest par des monuments imposants, à l'Est par des nouveautés techniques, le cuivre, l'or, les grandes lames de silex qui sont des faire-valoir, accompagnant dans la tombe, comme à Varna en Bulgarie, les défunts les plus en vue. Deux modèles au fond pour un même degré d'évolution sociale.

Mais qu'en est-il de l'araire, du joug, de la roue, du cheval domestique, dont l'apparition semble, en l'état actuel des données, se placer au cœur du IVe millénaire ? Dispersion centrifuge à partir d'un unique foyer d'élaboration ? Ou « inventions » éclatées, totalement déconnectées les unes des autres ? Mettons à part le cheval dont l'aire de dispersion naturelle désigne la zone des steppes est-européennes et asiatiques comme la sphère de son assujettissement, de la même façon que l'âne fut domestiqué dans l'aire Levant-Sud/Arabie. Mais le lieu d'apparition de la roue et des véhicules tractés suscite diverses spéculations en raison d'une vive concurrence géographique entre les plus anciens témoignages qui s'étalent sur un large espace allant de la Mésopotamie à l'Europe centrale. Pour l'araire, les témoignages les plus anciens se dispersent d'Uruk, où sont connues des figurations sur tablettes ou sceaux-cylindres, à l'Europe nord-occidentale où des traces de labour sont fossilisées sous des sépultures du Néolithique final. L'issue de la controverse est incertaine. Doit-on envisager un unique épicentre dans le monde uru-kéen en voie d'urbanisation, foyer dont on connaît à la fois la force d'innovation techno-économique et la puissance d'expansion vers l'Anatolie et au-delà ? Ou divers pôles sub-contemporains en Europe ? À ce jour, le seul constat que l'on peut avancer est celui d'une propagation accélérée au cœur du IVe millénaire. Cette rapidité, même si elle s'exprime au sein de diverses entités culturelles, semble indiquer combien l'Europe a été vite couverte par des « lames de fond » dès – 3500. À l'évidence, dès que l'on sort de la variabilité culturelle qui porte à la fragmentation, l'Europe peut être saisie comme un tout, un même espace historique. J'y reviendrai.

Deuxième exemple. Ces « lames de fond » qui entraînent des répercussions du Proche-Orient à l'Europe du Nord ont-elles toujours une souche anthropique ? Quel rôle climat et environnement ont pu jouer dans les transformations culturelles et les genres de vie ? Il n'est certes pas question pour moi de réhabiliter le climat comme facteur clé des comportements humains. Mais entre, d'un côté, les déterministes portés à corréler changements climatiques et émergence de nouvelles « civilisations » et, de l'autre, partisans du « tout culturel » pour qui l'homme néolithique et ses successeurs, forts de leurs moyens techniques et de leurs ambitions économiques, étaient à même d'échapper sans trop de difficultés à la pression du milieu, une voie plus pondérée peut être proposée. On ne saurait nier certains aspects contraignants du milieu dont il est aisé de mesurer les effets, par exemple, dans les processus d'emprise et de déprise qui rythment au Néolithique, mais aussi plus tard, et jusqu'au petit âge glaciaire, l'exploitation des milieux montagnards. Mais il s'agit ici de dépasser ces mécanismes à incidences locales pour tenter de réfléchir à plus large échelle sur des processus à valeur générale.

Ainsi j'avais observé, de longue date, la difficulté à identifier en Méditerranée de l'Ouest les cultures du Mésolithique terminal, centrées sur la fin du VIIᵉ millénaire. On ne les connaît guère ni en Sicile ni en Sardaigne ni en Corse ni en Catalogne ni en Andalousie. Là où elles ont été identifiées, nous avons du mal à savoir si elles sont franchement antérieures ou contemporaines des premiers fermiers, autrement dit si elles ont « accueilli » les migrants néolithiques en route vers l'Ouest. Or une analyse affinée des sites stratifiés en grotte et sous abri laisse penser qu'un hiatus existe dans l'Occident méditerranéen entre les ultimes populations de chasseurs, aux alentours de 6200 avant notre ère, et les plus anciennes occupations d'agriculteurs. Cette absence de données pose problème. Comme un dépeuplement général est peu probable, il faut imaginer des scénarios divers : forte érosion des habitats de plein air ou des niveaux d'occupation en grotte, troncatures sédimentaires, mobilité renforcée des populations, etc. Les derniers chasseurs de Méditerranée occidentale ne sont pas toujours repérables ; ils sont manifestement sous-représentés.

Or, à la même époque, la Méditerranée de l'Est, où le Néolithique est, lui, déjà implanté, connaît des situations parfois identiques. Au Levant-Sud, des sites sont alors abandonnés, d'autres de moindre envergure sont fondés, le pastoralisme nomade se renforce. À Chypre, la culture de Khirokitia amorce son déclin pour finir par laisser, au VIe millénaire, l'île dans un état de quasi dépeuplement. En Crète, après une première occupation par des néolithiques sans poterie, la stratigraphie de Cnossos ne montre plus après – 6500 que des fréquentations clairsemées, les lieux n'étant réinvestis qu'après 5500 BC.

Une crise majeure déstabilise donc, à l'Est, vers la fin du VIIe millénaire BC, les premiers agriculteurs néolithiques tandis qu'à l'Ouest, où ceux-ci ne sont pas encore infiltrés, des perturbations affectent parallèlement les sociétés de chasseurs-cueilleurs. Comme je l'ai proposé avec Jean-François Berger, ces anomalies archéologiques semblent trouver une explication dans une crise climatique – dite « événement de 8200 cal BP » – parfaitement identifiée à la fois dans l'Atlantique Nord, l'Europe, le Proche-Orient et l'Afrique du Nord. Le refroidissement du climat entraîne des conditions plus fraîches en Europe, plus arides au Proche-Orient, qui ont une incidence à la fois dans la progression des colons néolithiques comme sur les dernières populations de chasseurs. Des phénomènes climatiques globaux sont donc à prendre en compte tout au long de la protohistoire : leur évidence est manifeste. À l'heure où Jared Diamond évoque, dans un livre à succès, des effondrements de civilisations avant tout attribuables aux excès de l'homme mais quelquefois imputables au climat, l'holocène européen nous offre un bel exemple de ces bouleversements dont nos ancêtres eurent à pâtir.

Sur ces « lames de fond » qui ont des répercussions d'un bout à l'autre du continent européen et qui suggèrent très tôt des esquisses d'histoire globale, j'en terminerai avec deux cas de figure pris dans le domaine de l'archéologie culturelle au cours des IIIe et IIe millénaires avant notre ère. Au Néolithique et à l'Âge du bronze, il est en effet des moments durant lesquels se manifestent en Europe des tendances à la régionalisation, au confinement, au repli sur des espaces restreints ; d'autres, au contraire, où s'expriment des tendances expansionnistes, fédératrices, tournées vers l'uniformité, les deux volets n'étant pas forcément incompatibles. Contrairement aux anciennes explications migrationnistes, les processus de dilatation paraissent liés à des propagations techniques et idéologiques. Ainsi de la diffusion, dès la première moitié du IIIe millénaire et sous des formes différentes, de gobelets, de pichets en liaison possible avec la divulgation de bières ou d'alcools (*figure 10*). Ces acquis techniques se doublent de comportements qui entrent dans la construction des rapports sociaux à travers un accès, probablement contrôlé, à ces boissons, à la participation à des banquets ou beuveries, ou à l'usage de ces contenants lors de funérailles. Ces pratiques ont très vite une puissance d'expansion qui transcende les cultures. Tel pourrait avoir été le cas avec le phénomène du vase campaniforme (*figure 11*). Ce dernier a été précédé un temps par des gobelets variés, reflet de la diversité des cultures. Dans un second temps et sur la plus large partie de l'Europe, le campaniforme impose carrément un profil de récipient et un décor spécifiques

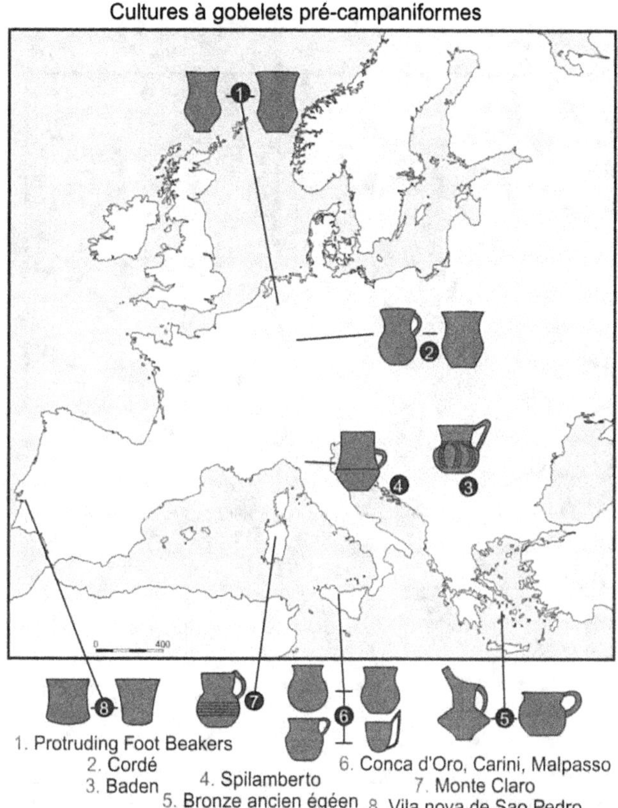

Figure 10. Carte de diffusion en Europe de modèles de gobelets présents dans des cultures de la première moitié du IIIe millénaire (– 3000/– 2500 BC).

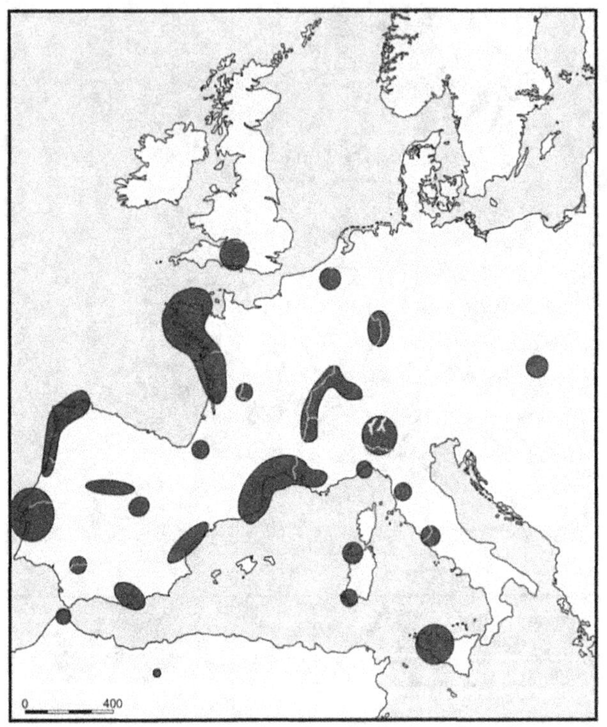

Figure 11. Carte de diffusion en Europe des gobelets campaniformes à décor dit « international » (vers 2500 avant notre ère).

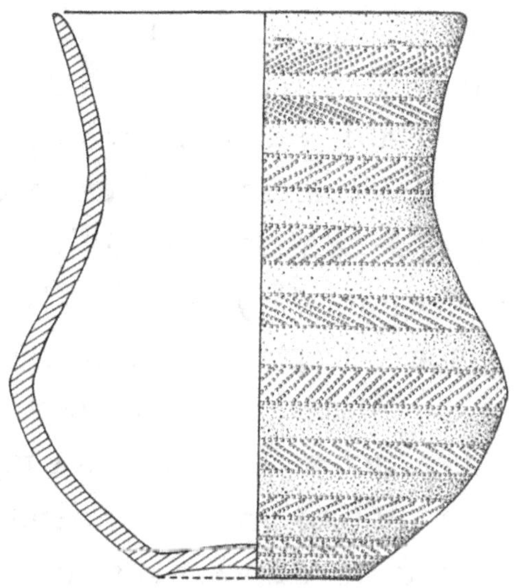

Figure 12. Campaniforme de style international à décor de bandes traitées au peigne (Sicile).

(*figure 12*). Il s'affiche dès lors, à compter de – 2500, comme média supra-culturel, dénominateur commun, ferment d'unité.

Je prendrai mon second cas de figure dans les derniers temps du

IIe millénaire, au cœur de l'Âge du bronze récent. L'intervalle – 1500/– 1000 est d'abord marqué, du XVe au XIIIe siècle en Méditerranée de l'Est, par de grands ensembles structurels (*figure 13*) : XVIIIe et XIXe dynasties égyptiennes, apogée de l'empire hittite, florissantes cités levantines, acmé des royaumes mycéniens, le tout baignant, en dépit des événements politiques, dans une koinè internationale de relations commerciales qui font de cette civilisation palatiale, dont des variantes existent de l'Égée à la Mésopotamie, un moment fort de l'histoire de l'Orient. Le périple supposé du navire d'Uluburun traduit bien les liens unissant cette grande koinè marchande. À l'Ouest, les échanges noués peu avant avec

Figure 13. Carte de l'Europe au XIIIᵉ siècle avant notre ère : principales aires culturelles.

l'Italie péninsulaire et la Sicile se renforcent : Thapsos, près de Syracuse, devient une sorte d'emporium de type grec ou levantin. Les cultures insulaires (Milazzeze des îles Éoliennes, Nouragique de Sardaigne) reçoivent de la céramique mycénienne et celle-ci atteindra même l'Andalousie (Montoro). Les relations à travers le continent sont attestées par la circulation nord-sud de l'ambre, de la Baltique à l'Adriatique, et la diffusion est-ouest du char muni de roues à rayons, du cheval attelé, de l'épée dont les types peuvent s'inspirer de modèles égéens.

Autour de – 1200 survient ce que R. Drews a appelé « la catastrophe ». Tout le système palatial de la Méditerranée orientale s'effondre, pour des raisons sur lesquelles toute la lumière n'est pas faite : coups de boutoir des « peuples de la mer », expression passe-partout pour désigner tout à la fois des invasions de populations continentales déferlant sur le riche monde des palais, piraterie méditerranéenne, révoltes sociales, désastres naturels. L'effet domino est brutal : prise de Hattusha et fin de l'empire hittite, ruine des royaumes mycéniens, destruction des cités du Levant, anarchie et guerres civiles en Égypte avant que Ramsès III n'ait encore à guerroyer contre peuples de la mer et Libyens. C'est un peu la revanche des barbares sur les nantis des cours orientales. Tout se passe comme si les troubles ruinaient la politique d'échanges internationaux qui avait assuré la prospérité est-méditerranéenne du Bronze récent. Or les périphéries plus ou moins lointaines se trouvent aussi déstabilisées : effondrement de la culture des Terramare dans la plaine du Pô, disparition des cultures ibériques (Argar, Valencia, Motillas), mutation de la culture centre-européenne des tumulus. Les horizons atlantiques, plus lointains, ne sont guère affectés.

Cette forte secousse ne se traduit pas forcément, en macro-analyse, par un repliement général. D'autres configurations apparaissent qui réactivent, sur de larges espaces, interactions culturelles ou échanges directs (*figure 14*). Le grand complexe continental des Champs d'Urnes unifie bientôt la majeure partie de l'Europe en une grande famille, sorte de bloc proto-celtique : Lausitz, groupe du Moyen Danube, complexe ouest-alpin étalé de l'Europe centrale jusqu'à l'Espagne du Nord-Est, Proto-Villanovien

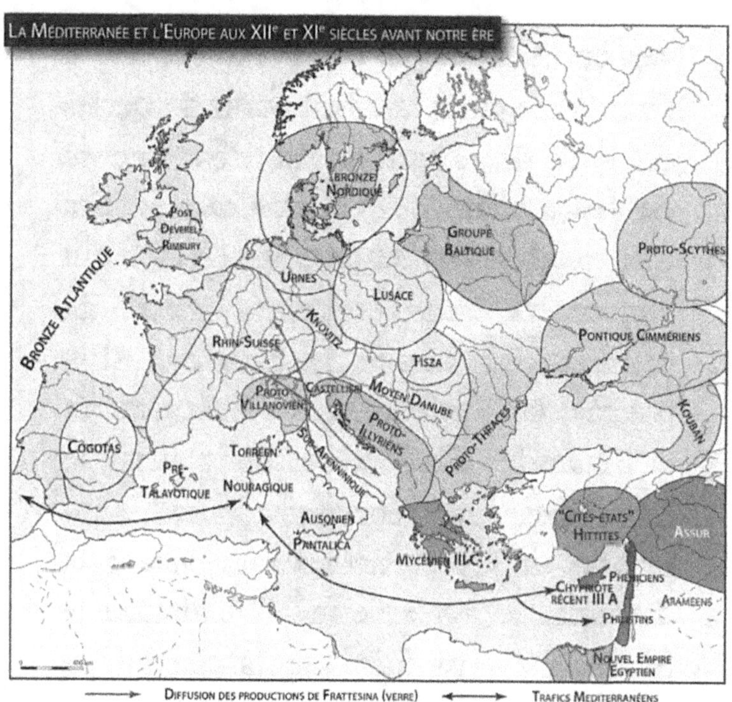

Figure 14. Carte de l'Europe aux XII-XIᵉ siècles avant notre ère : principales aires culturelles.

nord-italien mais dont l'influence sera sensible jusqu'au sud de la péninsule chez les populations sub-apenniniques. L'ambre balte continue d'arriver en Adriatique où il est recyclé à Frattesina dans la fabrication de perles du type de Tirynthe. Et c'est encore de ces ateliers de Vénétie que sortira une production de perles de verre qui alimentera un étonnant flux de parures vers l'Italie, la Suisse, l'Allemagne, la Gaule et même l'Angleterre et l'Irlande. En Méditerranée aussi, le commerce se réorganise. Les chypriotes et les levantins récupèrent la dynamique mycénienne. Délaissant la Sicile, ils vont faire de la Sardaigne une sorte de tremplin vers l'Ouest et s'interconnecter avec les communautés atlantiques pour mettre en place d'importants va-et-vient à travers la Méditerranée qui préfigureront l'expansion phénicienne. Méditerranée et Europe sont donc bien, et de longue date, étroitement imbriquées, bien avant que ne s'affirme la colonisation grecque. De fait, dès la fin du IIe millénaire, tous les grands complexes qui vont donner à la Protohistoire récente européenne ses cadres géo-culturels sont déjà en place : au centre et à l'ouest, proto-illyriens et surtout proto-celtes ; à l'est, proto-thraces ; proto-scythes au nord de la mer Noire ; au sud, commerçants orientaux dominant les transactions méditerranéennes.

On le voit, le Néolithique, puis l'Âge du bronze, nourrissent une histoire dont les fondements n'auront de cesse de resurgir périodiquement, en des sortes de permanences braudéliennes. Il est certain que nous ne pouvons plus aborder l'histoire de l'Europe, à compter du Néolithique, comme une juxtaposition de cultures peu imbriquées, mais travailler à deux niveaux au moins : l'échelle régionale productrice de spécificités, de différences, d'autochtonismes, et une perspective en macro-analyse, décryptant interactions, dénominateurs communs, parallélismes dans l'organisation sociale.

*   *
*

Je ne souhaite pas clore mon enseignement en ces lieux sur une note pessimiste ou moralisatrice. On peut pourtant introduire une touche plus philosophique s'agissant du Néolithique, c'est-à-dire du premier engrenage d'artificialisation de la nature. Se dire que les chasseurs paléolithiques étaient pauvres, matériellement parlant, puisqu'ils ne produisaient pas, ne constituaient pas de surplus. Mais que cette pauvreté entraînait une solidarité, le sens du partage autour de la bête chassée. En contraste, le paysan néolithique peut faire fructifier son champ, reproduire son troupeau, créer de la richesse, capitaliser, nourrir un plus grand nombre de bouches. Il a dans ses mains les moyens de multiplier à l'envi sa nourriture. Dix mille ans à peine après cette extraordinaire aventure, le constat n'est pas brillant, une grande partie de nos contemporains ne mangeant pas à leur faim. L'espérance soulevée par le Néolithique s'est donc pour partie transformée en cauchemar. Où est le coupable ? Certainement l'homme lui-même devenu tout à la fois possessif et destructeur, mettant toute son énergie à asseoir sa domination sur ses semblables et à dégrader toujours davantage son milieu. L'homme n'a de cesse de se dénaturer. N'est-ce pas là la voie de l'aliénation plutôt que le chemin de la liberté ?

Il me reste, mesdames, messieurs, à exprimer quelques dettes. La première, mais aussi la plus lourde, ira à mon collègue Christian Goudineau pour des raisons déjà évoquées. Je l'assure de mon amicale fidélité. Je salue aussi Yves Coppens avec qui j'ai parrainé le film de Jacques Malaterre, *Le Sacre de l'Homme*, dont France 2 a programmé la diffusion pour ces prochains jours.

Mon enseignement se sera déroulé sous la direction bienveillante de quatre administrateurs, André Miquel, Gilbert Dagron, Jacques Glowinski et Pierre Corvol, auxquels j'exprime ma déférente gratitude. Je souhaite dire à mes estimés collègues professeurs combien j'ai eu plaisir à partager avec eux, en ces lieux, des moments heureux. Je remercie l'ensemble du personnel de l'administration qui, avec gentillesse et efficacité, a facilité toutes les opérations dans lesquelles je me suis impliqué. Je complimente les régisseurs lesquels, avec une belle conscience professionnelle, ont rendu mon enseignement agréable et attrayant.

Et je n'oublie pas tous ceux, collègues du Centre d'Anthropologie, chercheurs, universitaires, doctorants, étudiants, qui ont participé à mes expériences de terrain.

Mon dernier mot sera pour vous, cher public, mesdames, messieurs, car si j'ai eu le grand bonheur de pratiquer une discipline qui a éclairé ma vie, je mesure aussi le plaisir que j'ai éprouvé à vous faire partager un peu de cette passion. Votre fidélité a accru ma motivation et votre présence a entretenu en moi un constant besoin de dépassement. La relation n'a donc pas été à sens unique, de la chaire vers

l'auditoire, mais elle a aussi fonc-
tionné en retour. C'est pourquoi je
conclus en vous disant combien
grande est ma reconnaissance à votre
égard. À vous tous, merci.

Jean GUILAINE

* 9 7 8 2 2 1 3 6 3 6 6 4 1 *